AUX MANES

DE

L'EMPEREUR

LA PAIRIE RECONNAISSANTE.

PARIS. — IMPRIMERIE D'A. RENÉ ET COMP.

rue de Seine, 32.

AUX MANES

DE

L'EMPEREUR

LA PAIRIE RECONNAISSANTE.

NOTICE BIOGRAPHIQUE

DES 192 PAIRS DE FRANCE AYANT REÇU DES FAVEURS
DE L'EMPEREUR, ET QUI AUJOURD'HUI SONT LES JUGES

DU PRINCE NAPOLÉON.

PARIS,

DESESSART, ÉDITEUR,

15, rue des Beaux-Arts.

1840

AUX MANES

DE

L'EMPEREUR

LA PAIRIE RECONNAISSANTE.

———

La cour des pairs contient 4 ministres, 6 maréchaux, 14 conseillers d'état, 56 officiers généraux, 19 préfets, 7 ambassadeurs, 21 chambellans, tous nommés par l'empereur, et, ce qui est plus curieux, 38 sénateurs ou pairs des cent jours ayant reconnu Napoléon II comme empereur des Français, par suite de l'abdication de Napoléon Ier, et par le fait des constitutions de l'empire.

Le prince Napoléon, en naissant, trouva en vigueur le sénatus-consulte organique du 18 mai 1804, qui, article 6, le déclare propre à succéder à la dignité impériale, en sa qualité de fils du prince Louis, à défaut d'héritiers mâles du côté de l'empereur et du prince Joseph.

Le premier corps de l'Etat songeait donc ainsi à transformer en trône le berceau d'un enfant. Pendant dix ans ce sénatus-consulte fut loi de l'empire.

Sept ans après la naissance du prince Napoléon, une loi l'exilait. Cette loi, votée par le premier corps de l'Etat, infligeait au prince la peine de mort s'il essayait de revoir sa patrie, même inoffensivement.

Quinze ans plus tard, ce premier corps de l'Etat, reconnaissant que la peine était un peu forte à l'égard d'un jeune prince innocent, la supprima.

Le gouvernement, usant de sa force à l'égard du prince, l'exile, le met hors la loi, c'est-à-dire le prive de ses bénéfices, lui enlève sa patrie, le traite comme il ne pourrait pas traiter le dernier des Français. Le prince prend le gouvernement à la lettre, répond à la force par la force, se regarde comme en dehors de la loi et arrive à main armée sur le territoire français.

Le prince est traduit devant la cour des pairs. Cette même chambre, qui voulut transformer en trône son berceau, est appelée à transformer en échafaud la sellette où on va l'asseoir. Nous disons cette même chambre, car la chambre des pairs d'aujourd'hui se considère comme solidaire de la chambre des pairs des cent jours et prétend continuer le sénat de 1804. Le gouvernement d'aujourd'hui reconnaît la légitimité de l'empereur Napoléon et de son gouvernement. Le prince Napoléon est donc un *prince français.*

Le neveu de l'empereur a ainsi vu déjà plusieurs lois faites à son intention, s'appelant toutes lois de l'Etat, quoique étant bien différentes à son égard. Lesquelles de ces lois contradictoires sont les bonnes? lesquelles appartiennent vraiment à l'Etat? L'embarras est d'autant plus grand, pour deviner, que nombre des législateurs qui ont voté les sénatus-consultes de l'empire ont pareillement voté la loi de 1816 et celle de 1832. Cependant l'une menace de la mort et punit de l'exil le même homme que la première plaçait sur les marches du trône impérial. O vicissitudes humaines! ô tergiversation politique! ô interprétation de la volonté du peuple français! La majorité des juges du prince Napoléon a brigué l'honneur d'entourer son berceau, et il peut se souvenir de leur avoir entendu dire : Monseigneur, veuillez compter sur notre complet dévouement et sur notre fidélité. La mémoire de l'empereur agira sans doute sur la reconnaissance de la pairie.

———

MM. Paquier, président de la cour des pairs. L'empereur le fit baron, conseiller d'état et préfet de police.

Abrial. L'empereur le fit comte, sénateur, préfet, commandant de la légion-d'honneur. Il a signé le sénatus-consulte du 18 mai 1804.

Albufera. Il est duc et pair par son père, dont l'empereur fit la fortune à cause de la parenté de la maréchale Suchet avec la reine d'Espagne.

Aligre, chambellan de la reine de Naples avec appointements. L'empereur lui rendit ses biens non-confisqués.

Anthouard. L'empereur le fit comte, lieutenant-général, grand officier de la légion-d'honneur.

Athalin. L'empereur le fit baron et son officier d'ordonnance.

Aubernon, baron, préfet, auditeur au conseil d'état, par l'empereur.

Aᴜʙᴜssᴏɴ-Lᴀғᴇᴜɪʟʟᴀᴅᴇ , chambellan de l'empereur et son ambassadeur à Naples. Pair des cent-jours, il a reconnu Napoléon II.

Aᴜᴅᴇɴᴀʀᴅᴇ-Lᴀʟᴀɪɴ, écuyer de l'empereur, baron et colonel. Sa femme dame du palais de l'impératrice Joséphine.

Aʏᴍᴀʀᴅ , baron, général de l'empire.

Bᴀʀᴀɴᴛᴇ , auditeur, préfet , baron de l'empire.

Bᴀʀᴛʜᴇ́ʟᴇᴍʏ, fils du sénateur.

Bᴀsᴛᴀʀᴅ , baron, conseiller à la cour impériale.

Bᴀᴜᴅʀᴀɴᴅ, général de l'empire.

Bᴇᴀᴜᴍᴏɴᴛ (comte de) , fils du sénateur.

Bᴇᴀᴜᴠᴀᴜ (prince de) , chambellan de l'empereur. Pair des cent-jours, il a reconnu Napoléon II.

Bᴇᴄᴋᴇʀ , comte , lieutenant - général, grand-officier de la légion-d'honneur, doté.

BELLUNE, duc, maréchal d'empire, ayant reçu d'énormes dotations.

BÉRENGER, comte de l'empire, directeur général de la caisse d'amortissement, conseiller d'état.

BÉRENGER (comte de), auditeur au conseil d'état.

BERTHEZÈNE, baron de l'empire, lieutenant-général. Dotations.

BIGNON, baron de l'empire, ministre plénipotentiaire. L'empereur lui a laissé 100,000 fr. par testament.

BIRON (de), chambellan de l'empereur. Biens non-confisqués rendus.

BOISSY (de). Pair des cent-jours, il a reconnu Napoléon II.

BOISSY-D'ANGLAS, fils du sénateur comte de l'empire. Préfet des cent jours.

BONDY (de), comte de l'empire, conseiller d'état, chambellan et préfet. Son adresse à faire des armes le fit connaître du prince

Eugène, qui le présenta à l'empereur, dont il gagna la bienveillance.

Bonet, comte de l'empire, lieutenant-général, grand-officier de la légion-d'honneur. Fortes dotations.

Borelli, général de l'empire, baron.

Bourke, comte de l'empire, lieutenant-général, grand-officier de la légion-d'honn. Ses pères suivirent les Stuarts en France ; il doit apprécier la fidélité au malheur.

Brancas (de), chambellan de l'empereur.

Brayer, lieutenant-général de la garde impériale, comte de l'empire, gouverneur de Versailles, beau-père de Marchand, exécuteur testamentaire de Napoléon. Pair des cent-jours, il a reconnu Napoléon II. L'empereur lui laissa par testament 100,000 fr.

Breteuil (de), préfet de l'empire, auditeur au conseil d'état.

Brigode (de), comte de l'empire et chambellan.

BRISSAC (de), comte de l'empire, préfet, sénateur, ayant signé le sénatus-consulte du 18 mai 1804.

BROGLIE (de), auditeur au conseil d'état.

BRUN DE VILLERET, général de l'empire.

CADORE, fils du duc, ministre et sénateur de l'empire.

CAFFARELLI, comte de l'empire, préfet maritime à Brest.

CAMBACÉRÈS, neveu et héritier du prince de ce nom. Grande fortune.

CASTELLANE (de), officier de l'empire, fils d'un préfet.

CAUX (de), colonel, chef du bureau du génie sous l'empire.

CAVAIGNAC, baron et général de l'empire. Il doit sa fortune à la protection du roi de Naples qui était ami de son frère le conventionnel.

CESSAC, comte de l'empire, ministre, grand-aigle, ayant signé le sénatus-consulte du 18 mai 1804. Comblé par l'empereur.

CHABOT (de), chambellan de l'empereur.

CHABRILLANT (de), chambellan de l'empereur.

CHOLET, sénateur et comte de l'empire, ayant signé le sénatus-cons. du 18 mai 1804.

CLAPARÈDE, comte de l'empire, lieutenant-général, grand-offic. Fortes dotations.

COIGNY (de), officier de l'empire. L'empereur rendit à sa famille les biens non vendus, à cause du mariage de mademoiselle de Coigny avec le général Sébastiani.

COLBERT, comte de l'empire, lieutenant-général de la garde. Il doit son avancement au souvenir que l'empereur avait gardé de son frère tué en Espagne. Doté.

COMPANS, lieutenant-général, comte de l'empire, doté.

CONÉGLIANO, duc, maréchal d'empire, grand-aigle. Grandes dotations. Pair des cent jours; il a reconnu Napoléon II.

CORBINEAU, comte de l'empire doté, lieunant-général, aide-de-camp de l'empereur, grand-officier de la légion-d'honneur. Il doit sa fortune au souvenir que l'empereur avait gardé des services de son frère, aide-de-camp aussi de Napoléon et tué à Eylau. Un troisième frère Corbineau avait été fait, par l'empereur, baron et receveur-général à Rouen. L'empereur légua par son testament 50,000 fr. au général Corbineau, et lui avait déjà donné 300,000 fr. pour acheter la terre de Beaumont-sur-Oise.

DALMATIE, maréchal d'empire, duc, grand-aigle ; a reçu de l'empereur de grandes dotations. Pair des cent jours, il a reconnu Napoléon II.

DARRIULE, baron de l'empire, général.

D'ALTON-SHÉE, héritier du comte SHÉE, sénateur de l'empire.

DARU, fils du comte et ministre de l'empire. Grande fortune.

Davillier. Pour sauver sa maison de banque l'empereur lui prêta 1,500,000 fr. Pair des cent jours, il a reconnu Napoléon II.

Davous, comte et sénateur de l'empire, a signé le sénatus-consulte du 18 mai 1804.

Decazes, secrétaire des commandements de Madame-mère, attaché ensuite au roi de Hollande.

D'Hédouville, fils du comte et sénateur de l'empire.

Dejean, comte doté et lieuten.-gén. de l'empire, aide de-camp de l'empereur, fils du ministre. L'empereur lui a légué 50,000 fr.

Delort, baron et lieutenant-général de l'empire.

Despans-Cubières, colonel de l'empire. Il dut un avancement très rapide à la protection du comte Regnault de St.-Jean-d'Angely, à cause d'une certaine parenté avec madame Regnault.

Dode, baron et lieut.-gén. de l'empire.

Durouchage, héritier du préf. de l'empire.

Duchatel, comte de l'empire, directeur-général des domaines, conseiller d'état. L'empereur lui fit une grande fortune. Sa femme, dame du palais de l'impératrice Marie-Louise.

Duperré, baron de l'empire, fait capitaine de vaisseau par le prince Jérôme; ayant épousé une dame du palais de la reine de Westphalie.

Dupont-Delporte, baron de l'empire, préfet.

Durosnel, comte de l'empire, fortement doté, lieutenant-général, grand-officier de la légion-d'honneur, gouverneur des pages, aide-de-camp de l'empereur. Doit son rapide avancement à la bienveillance toute particulière de Napoléon. Pair des cent jours, il a reconnu Napoléon II.

Dutaillis, lieutenant-général et comte de l'empire. Avec dotation.

Duval (Maurice), bar. de l'empire et préf.

Eckmulh, fils du duc, prince, pair et maréchal d'empire. L'empereur lui fit une immense fortune pour avoir épousé la sœur du général Leclerc.

Emeriau, c. de l'empire avec dotation, vice-amir. grand-offic. de la lég.-d'honn., inspect.-génér. des côtes de la Ligurie. Pair des cent jours, il a reconnu Napoléon II.

Emmery, comte de l'empire, sénateur, ayant signé le sénatus-consulte du 18 mai 1804.

Erlon, comte de l'empire doté, lieut.-général, commandant en chef, grand-aigle.

Excelmans, comté de l'empire, lieutenant-général, grand-officier de la légion-d'honneur. Sa femme, dame du palais de la reine de Naples, fut dotée par elle. Pair des cent jours, il a reconnu Napoléon II.

Fezenzac, général de l'empire.

Flahault, comte, lieutenant-général,

grand-officier de la légion-d'honneur, aide-
de-camp de l'empereur, doit son prodigieux
avancement à la bienveillance toute particulière de Napoléon; sous-lieuten. en 1805,
il était général de division en 1814. Pair
des cent jours, il a reconnu Napoléon II.

Freteau de Penny, baron de l'empire,
avoc.-gén. à la cour impériale de cassation.

Freville, baron de l'empire, maître des
requêtes au conseil d'état.

Gasparin. L'empereur, dans son testament, lui légua 100,000 fr. comme fils du
commissaire de la Convention à Toulon;
baron de l'empire.

Gazan, comte de l'empire, doté, lieut.-
général. Pair des cent jours, il a reconnu
Napoléon II.

Gérando, baron de l'empire, maître des
requêtes au conseil d'état, membre du gouvernement provisoire à Rome.

Gérard, comte de l'empire avec dotation,

lieutenant-général ; grand-officier, commandant en chef. Pair des cent jours, il a reconnu Napoléon II.

GILBERT-DES-VOISINS, comte de l'empire, maître des requêtes au conseil d'état, premier président de la cour impériale de Paris. Pair des cent jours, il a reconnu Napoléon II.

GRENIER, baron de l'empire.

GROUCHY, comte de l'empire, maréchal, grand-aigle à pension. Fortes dotations. Pair des cent jours, il a reconnu Napoléon II.

GUEHENEUC, comte de l'empire, sénateur, ayant adhéré au sénatus-consulte du 18 mai 1804. Beau-père du maréchal Lannes.

HALGAN, nommé par l'empereur capitaine de vaisseau.

HARISPE, comte de l'empire, lieutenant-général. Dotations

HAUBERSAERT, comte de l'empire, sénateur, ayant adhéré au sénatus-consulte du 18 mai 1804.

HAUSSONVILLE, comte de l'empire, chambellan.

HERWYN, comte de l'empire, sénat., ayant signé le sénatus-consulte du 18 mai 1804.

HEUDELET, comte de l'empire avec dotation et lieutenant-général.

HOUDETOT, comte de l'empire et préfet.

ISTRIE, fils du duc et maréchal d'empire. Dans son testament l'empereur lui légua une somme de 100,000 fr.

JACOB, fait capitaine de vaisseau par l'empereur.

JACQUEMINOT, comte et sénateur de l'empire, ayant adhéré au sénatus-consulte du 18 mai 1804.

JACQUINOT, baron de l'empire et lieutenant-général.

JAUCOURT, comte de l'empire, sénat. ayant signé le sénatus-consulte du 18 mai 1804.

Jessain, baron et préfet de l'empire.

Jurien-Lagravière, fait par l'empereur capitaine de vaisseau.

Klein, comte de l'empire avec dotation, lieutenant-général, sénateur.

Labriffe, comte de l'empire et chambellan.

Laforest (de), comte de l'empire, ambassadeur en Espagne et conseiller-d'état.

Lagrange, comte de l'empire avec dotation, et lieutenant-général.

Lanjuinais, fils du comte de l'empire et sénateur.

Laplace, fils du comte et sénateur de l'empire.

Laplagne-Barris, nommé par l'empereur à la cour de cassation.

Lariboissière, fils du comte de l'empire.

Larochefoucault (duc de). L'empereur nomma M. de Larochefoucault ambassadeur, et madame de Larochefoucault dame du palais; il maria une sœur du duc de Larochefoucault au prince Aldobrandini-Borghèse.

LAROCHEFOUCAULT (comte de). Pair des cent jours, il a reconnu Napoléon II.

LAURISTON, page de l'empereur, héritier de l'aide-de-camp de Napoléon.

LEDRU DES ESSARTS, baron de l'empire, lieutenant-général, grand-officier de la légion-d'honneur.

LEMERCIER, comte de l'empire, sénateur ayant voté le sénatus-cons. du 18 mai 1804.

LEZAY MARNEZIA, baron de l'empire et préfet.

LOMBARD, baron de l'empire et membre de la cour impériale de cassation.

MALHOUET, baron et préfet de l'empire.

MARCHAND, comte de l'empire avec dotation, lieutenant-général, grand-aigle.

MAREUIL, baron de l'empire et ambassadeur auprès du roi Joachim.

MASSA (duc de), fils du grand-juge.

MERLIN, comte de l'empire et général.

MOLÉ, comté et ministre de l'empire. Il doit sa fortune à l'estime qu'avait l'empereur pour son nom. Pair des cent jours, il a reconnu Napoléon II.

MOLITOR, comte de l'empire, lieutenant-général, grand officier de la légion-d'honneur. Pair des cent jours, il a reconnu Napoléon II. Fortes dotations.

MOLLIEN, comte et ministre de l'empire. Pair des cent jours, il a reconnu Napoléon II. Fortes dotations.

MONTALEMBERT, fils du chambellan de l'empereur.

MONTALIVET, fils du ministre de l'empereur, et lui devant une grande fortune.

MONTEBELLO, fils du maréchal Lannes. Tenant sa grande fortune de l'empereur.

MONTGUYON, comte de l'empire et chambellan.

Monthion, comte de l'empire avec dotation, et lieutenant-général.

Montmorency (de), chambellan de l'empereur. Madame de Montmorency était dame du palais.

Mortemart (de), officier d'ordonnance de l'empereur qui lui rendit ses biens. Sa femme était dame du palais de l'impératrice.

Mortier, baron de l'empire.

Mosbourg, comte de l'empire, ministre du roi Joachim. Tenant de lui sa fortune et ayant épousé une de ses nièces.

Mounier, baron de l'empire, secrétaire du cabinet de l'empereur, auditeur au conseil-d'état.

Mun (de), chambellan de l'empereur.

Nau de Champlouis, baron de l'empire.

Neigre, baron de l'empire doté, lieutenant-général, grand-officier de la légion-d'honneur.

Noailles (de). L'empereur rendit à sa famille des bois non-vendus pour plusieurs millions.

Ornano, comte de l'empire avec dotation, lieutenant-général, cousin de l'empereur.

Pajol, comte de l'empire, lieutenant-général, grand-officier de la légion-d'honneur. Pair des cent jours, il a reconnu Napoléon II. Fortes dotations.

Pange (de), comte de l'empire et chambellan.

Pelet, baron de l'empire doté, général dans la garde impériale.

Pelet (de la Lozère), baron de l'empire, maître des requêtes au conseil-d'état.

Périer (C.), préfet de l'empire.

Périgord (de), colonel sous l'empire, et ayant reçu de Napoléon des biens non-vendus.

Pernetti, baron de l'empire doté, et lieutenant-général.

Perregaux, comte de l'empire et chambellan. Pair des cent jours, il a reconnu Napoléon II.

Petit, baron de l'empire doté, général dans la garde impériale.

Plaisance, duc de l'empire, lieutenant-général, |aide-de-camp de l'empereur. Héritier de la grande fortune du prince Lebrun.

Pontécoulant, comte de l'empire, sénateur ayant voté le sénatus-consulte du 18 mai 1804. Dans la séance du 23 juin 1815, M. de Pontécoulant dit à la tribune de la chambre des pairs : « Napoléon est mon bienfaiteur, je lui dois tout. »

Portal, baron de l'empire, maître des requêtes au conseil-d'état.

Portalis, comte et conseiller-d'état de l'empire. Il dut sa fortune au souvenir qu'avait gardé l'empereur des services de son père.

Praslin (de), chambellan de l'empereur.

Jouissant d'immenses propriétés confisquées et qui lui furent rendues par Napoléon. Pair des cent jours, il a reconnu Napoléon II.

PRÉVAL, baron de l'empire avec dotation, lieutenant-général, maître des requêtes au conseil-d'état.

RAMBUTEAU, comte de l'empire, chambellan et préfet.

RAMPON, fils du sénateur et comte de l'empire.

REGGIO, duc et maréchal d'empire. Il a reçu plusieurs millions de l'empereur.

REILLE, comte de l'empire, lieutenant-général commandant en chef et aide-de-camp de l'empereur ; gendre de Masséna. Pair des cent jours, il a reconnu Napoléon II. Fortes dotations. —

RICARD, baron de l'empire doté, lieutenant-général, grand officier de la légion-d'honneur.

Richebourg, fils du comte et sénateur de l'empire.

Rochambeau, aide-de-camp du roi Joachim, comblé par lui, fils du lieutenant-général de l'empire.

Roguet, comte de l'empire avec dotation, lieutenant-général dans la garde impériale.

Rosamel ; l'empereur le nomma capitaine de frégate.

Roussin, baron de l'empire, nommé par l'empereur capitaine de vaisseau.

Saint-Aignan, baron de l'empire, ambassadeur, écuyer de l'empereur.

Saint-Cyr-Nugues, baron de l'empire doté et général.

Saint-Aulaire, comte de l'empire et chambellan.

Saint-Didier, baron de l'empire et préfet du palais, auditeur au conseil-d'état.

Schramm, général sous l'empire, sortant de la garde impériale.

Sébastiani, colonel sous l'empire.

Séguier, baron de l'empire. L'empereur e nomma, à cause de son nom, premier président de la cour impériale de Paris, maître des requêtes.

Ségur. Pair des cent jours, il a reconnu Napoléon II.

Ségur (Philippe), maréchal-des-logis du palais impérial, général. 30,000 fr. de rente de dotation.

Siméon, comte de l'empire, cons.-d'état.

Sparre, général sous l'empire, écuyer de l'empereur.

Talhouet, colonel. Des biens confisqués lui furent rendus. Sa femme était dame du palais de l'impératrice.

Tarente, maréchal et duc de l'empire. Fortes dotations.

Tascher, comte de l'empire et sénateur; parent de l'impératrice Joséphine. Fortes dotations.

Teste, baron de l'empire doté, lieutenant-général, grand officier de la légion d'honneur.

Tirlet, baron de l'empire doté et lieutenant-général.

Turenne, comte de l'empire et premier chambellan. Pair des cent jours, il a reconnu Napoléon II.

Valée, comte de l'empire doté, lieutenant-général et grand-officier de la légion d'honneur.

Valentinois (de), aide-de-camp du roi Joachim et premier écuyer de l'impératrice Joséphine.

Vandeuvre, baron de l'empire et commissaire-général de police à Marseille, auditeur au conseil-d'état.

Verhuel, comte de l'empire doté, grand-aigle, inspecteur-général des côtes de la mer du Nord, ambassadeur du roi Louis, vice-amiral.

Wagram, fils de Berthier. Il tient sa grande fortune de l'empereur.

Wilhaumez, vice-amiral, baron de l'empire.

Villiers du Terrage, commissaire-général de police sous l'empire, préfet des cent jours.

Zangiacomi, baron de l'empire, membre de la cour impériale de cassation, maître des requêtes.

Ducs d'Orléans et d'Aumale, petits-fils de la duchesse d'Orléans, à qui l'empereur payait une pension de 300,000 francs.

FIN.

www.ingramcontent.com/pod-product-compliance
Lightning Source LLC
Chambersburg PA
CBHW071414030726
47594CB00006B/2449